LETTRES PATENTES,

CONCERNANT LES COUTUMES
des Villes & Lieux du Pays d'Artois,
y énoncez.

Donnés au Camp sous Tournay le 28. Juin 1745.

LOUIS par la grace de Dieu Roi de France & de Navarre: A nos amés & féaux Conseillers les Gens tenans notre Cour de Parlement à Paris; SALUT. Par nos Lettres Patentes en forme de Déclaration du 30. Janvier 1739. enregistrées en notre Cour de Parlement à Paris, Nous aurions ordonné que par les Officiers de notredite Cour qui seroient par Nous commis, il seroit incessamment procedé à la vérification & rédaction des Coutumes particulieres & Usages des Villes & Lieux de notre Province d'Artois; à l'effet de quoi lesdits Commissaires se transporteroient sur les Lieux & y convoqueroient les Gens des trois Etats, pour, en leur présence & de leur consentement, rediger & accorder, même, si besoin est, moderer, corriger & abroger lesdites Coutumes ou partie d'icelles, dresser Procès-verbal des contestations & oppositions, & à cet effet rendre telles Ordonnances qu'il appartiendroit; après quoi, & en vertu des Lettres Patentes que Nous ferions

A

expédier dans la forme anciennement ufitée en ladite Province d'Artois, pour autorifer lefdites Coutumes ainfi redigées, accordées ou mode- rées, elles feroient publiées & enregiftrées aux Greffes de notredite Cour de Parlement, & de notre Confeil Provincial d'Artois; comme auffi en chacun des Bailliages où elles devroient avoir lieu, & dorénavant gardées & obfervées. En exécution de cette Déclaration Nous aurions commis par nos Lettres Patentes du 6 Juin 1741. enregiftrées pareillement en notredite Cour, notre amé & féal Me. Aymé - Jean - Jacques Severt, Confeiller en ladite Cour, pour vaquer à la vérification & rédaction des Coutumes de la Ville, Loy, Banlieue, & Echevinage d'Arras, de celle du Bailliage & de la Ville, Loy, Ban- lieuë & Echevinage de Bapaume, & autres Cou- tumes locales defdits lieux, s'il s'en trouvoit; à quoi il auroit été par lui procedé, à la grande fatisfaction de tous ceux qui y font intereffez; & s'étant tranfporté d'abord dans la Ville d'Arras, & enfuite dans celle de Bapaume, il y auroit dreffé differens Procès-verbaux par lui fignez, cottez & paraphez, & fignez auffi par ceux qui ont comparu aux Affemblées des trois Etats qu'il auroit convoqué à cet effet. Par le compte que Nous nous fommes fait rendre de ceux qui con- cernent la rédaction des Coutumes Locales de la Loy, Banlieue, & Echevinage de la Cité d'Arras, de la Coutume Locale de la Ville & Bailliage de Bapaume, de la Coutume Locale du Pays de Lallœu, & de celle de la Ville, Ban- lieuë & Efchevinage de Lens, Nous aurions re- connu que notredit Commiffaire, après y avoir inferé avec la plus grande exactitude, les pro- teftations qui pouvoient intéreffer les differens Officiers, ou autres perfonnes qui ont comparu aufdites Affemblées, auroit, du confentement des trois Etats, supprimé plusieurs Articles des anciens Cahiers de Coutumes qui lui ont été representez, & par lui annexez ausdits Procès-verbaux; qu'il auroit réformé la rédaction de quelques autres Articles, & en auroit ajouté de nouveaux qui lui ont été proposez comme utils au public; & à l'égard de ceux qui ont donné lieu à des oppositions, ou qui ont paru mériter une plus grande discution, il auroit jugé à propos de les laisser en suspens, en reglant par des Ordonnances provisoires ce qui devoit être observé à l'égard de quelques uns de ces Articles, ou en admettant leur disposition par provision seulement, ou en ordonnant sur certains points qu'il seroit surcis jusqu'à ce que Nous eussions expliqué nos intentions; & sur d'autres, qu'il y seroit pourvû par notredite Cour de Parlement, soit sur son referé, soit en prononçant sur des contestations que les Parties interessées y avoient déja portées; & à-la fin de chacun desdits Procès-verbaux, il auroit inseré la nouvelle redaction desdites Coutumes, en renvoyant par le dernier Article de chacune desdites Coutumes, à la Coutume générale de la Province d'Artois, sur tous les points qui ne sont pas décidez par lesdites Coutumes Locales. Après avoir fait examiner lesdits Articles en notre Conseil, & après qu'ils ont été mis dans l'état où Nous avons jugé à propos de les autoriser, Nous nous portons volontiers à accorder nos Lettres Patentes pour la consommation d'un Ouvrage si utile; & voulant faire connoître en même tems aux Habitans de notre Province d'Artois, que Nous n'avons point perdu de vûe le projet que Nous avons formé de leur accorder une nouvelle rédaction de la Coutume générale, Nous avons résolu de confirmer les Coutumes particulieres dont il s'agit, par provision seulement, ainsi

A ij

que Nous l'avons fait pour celles des Villes &
Bailliages de Saint-Omer & d'Aire, par nos Lettres Patentes du 26. Septembre 1743. au moyen
de quoi les Coutumes qui sont l'objet de nos
présentes Lettres seront exécutées, & auront leur
effet aussitôt après la publication desdites Lettres, jusqu'à ce que la reformation de la Coutume générale, où chaque Coutume Locale sera
inserée, ait été par Nous decretée en la forme
anciennement usitée dans la Province d'Artois :
mais comme le plus grand nombre de ceux qui
sont soumis à la Coutume de Lens, Nous a
fait réprésenter que la nouvelle rédaction de
leur Coutume, & principalement l'usage des
Entravestissemens, qu'ils avoient été d'avis d'y
conserver lors du Procès-verbal dressé par notredit Commissaire, leur pourroit être préjudicia-
ble, & qu'il leur seroit plus avantageux d'être
regis dès-à-present dans cette matiere, par la
Coutume générale d'Artois, Nous avons resolu
d'avoir égard à leurs supplications, & de ne point
comprendre dans les présentes Lettres la nouvelle rédaction de leur Coutume, en y établis-
sant néanmoins, ainsi qu'il avoit été convenu
dans l'Assemblée des trois Etats de ladite Ville,
l'observation du Droit commun sur la réprésentation & les rapports entre les coheritiers :
Droit si favorable en lui-même, & si conforme
au vœu de la nature qu'il a été admis dans
toutes les nouvelles rédactions des Coutumes
particulieres de la Province d'Artois. A CES
CAUSES, & autres à ce Nous mouvantes, de
l'avis de notre Conseil, & de notre certaine
science, pleine puissance & autorité Royale,
Nous avons par ces Présentes signées de notre
main, dit, déclaré & ordonné, disons, déclarons
& ordonnons, voulons & Nous plaît, que les
Coutumes Locales de la Loy, Banlieuë & Eche-

vinage de la Ville d'Arras, celles de la Loy, Banlieuë & Echevinage de la Cité, & pareillement celles de la Ville & Bailliage de Bapaume, & du pays de Lallœu, vérifiées & redigées par notredit Commissaire, soient gardées, observées & entretenuës, à compter du jour de la publication des Présentes, & jusqu'à ce qu'il ait été procedé à une nouvelle reformation, vérification & rédaction de la Coutume générale de notre Province d'Artois; ensemble des Coutumes & Usages particuliers aux Villes & Lieux desdits pays, par les Conseillers de notre Cour de Parlement, qui seront à ce commis & députez par nos Lettres Patentes, & que ladite nouvelle réformation ait été par Nous décretée, desquelles Coutumes les Articles ensuivent.

COUTUMES LOCALES
de la Loy, Banlieuë & Echevinage
de la Ville d'Arras.

ARTICLE PREMIER.

Tous les heritages sujets à la Loy, Banlieuë & Echevinage de la Ville d'Arras, sortissent nature de meubles tant en succession, disposition, que Communauté, & ne tiennent cotte ne ligne dont ils procedent.

II. Toutes rentes foncieres non Seigneuriales, affectées sur des heritages sujets à l'Echevinage, sont de pareille nature & condition que les heritages sur lesquels elles sont assises, & ce tant en succession qu'autrement.

III. Si les rentes foncieres & non Seigneuriales, affectées sur des heritages sujets à l'Echevinage, sont vendues ou autrement alienées, l'Acquéreur d'icelles rentes est tenu faire signifier son Contrat d'acquisition ou autre

Acte de proprieté, au Proprietaire d'iceux heritages, si ledit Proprietaire est domicilié dans
ledit Echevinage, sinon à l'Occupeur d'iceux
heritages; après laquelle signification les Proprietaires d'iceux heritages peuvent rembourser
le prix de l'acquisition, s'il y en a un fixé; ou s'il
n'y en a point, la valeur & importance de l'a-
liénation suivant la prisée, ensemble les frais &
loyaux-coûts; ce que les Propriétaires seront
tenus faire dans la quinzaine après le jour de la
signification; sinon & ledit tems passé, ledit
Proprietaire en demeure déchu pour cette fois
seulement, & sans qu'il soit besoin d'aucune in-
terpellation judiciaire; & en faisant par lesdits
Propriétaires ledit remboursement, ainsi que
dit est, lesdites rentes demeurent éteintes &
les heritages en sont déchargez.

I V. Les heritages sujets audit Echevinage ne
sont sujets ni à retrait lignager, ni à retrait
Seigneurial, ni au Douaire Coutumier.

V. Dans la Ville, Loy, Banlieuë & Echevinage d'Arras, à l'avenir la réprésentation aura
lieu en ligne directe à l'infini, & en ligne
collaterale, aux termes de Droit, & non au
de-là.

V I. Par la Coutume de cette Ville, Loy,
Banlieuë & Echevinage, mari & femme ne
peuvent se donner l'un à l'autre leurs meubles, rentes & heritages sujets à l'Echevinage,
si ce n'est par la voye d'Entravestissement.

V I I. Dans la Ville, Loy, Banlieuë & Echevinage d'Arras, il y a deux sortes d'Entravestif-
semens; l'un appellé Entravestissement de sang,
l'autre appellé Entravestissement par Lettres, si
par les Contrats de mariage il n'est specialement
& expressement dérogé & renoncé à la Loi des
Entravestissemens, introduite par cette Coutume de l'Echevinage d'Arras.

VIII. L'Entraveſtiſſement de ſang a lieu entre Conjoints communs en biens, domiciliez au temps de la célébration de leur mariage dans la Loy, Banlieuë & Echevinage dudit Arras, quand il y a, ou y a eu enfant vivant iſſu dudit mariage.

IX. L'Entraveſtiſſement par Lettres ſe fait quand deux Conjoints par mariage, communs en biens & domiciliez dans la Loy, Banlieuë & Echevinage de ladite Ville, lors de la célébration dudit mariage, & au tems dudit Entraveſtiſſement, & n'ayant point eu d'enfant de leur mariage, comparent pardevant deux Echevins en l'Hôtel Commun de ladite Ville, ou au Greffe de l'Echevinage, & là reconnoiſſant l'amour mutuel qu'ils ont l'un envers l'autre, la femme embraſſe ſon mari, & s'entraveſtiſſent l'un & l'autre de tous les biens qui doivent compoſer & entrer dans l'Entraveſtiſſement, dont il eſt couché Acte ſur le Regiſtre du Greffe dudit Echevinage, & leur en eſt délivré une Expédition par le Greffier de ladite Ville.

X. Au ſurvivant des deux Conjoints, au cas d'Entraveſtiſſement, ſoit de ſang, ſoit par Lettres, appartiendront & entreront dans leſdits Entraveſtiſſemens tous les meubles réels & de leur nature, en quelques lieux qu'ils ſoient ſituez, toutes les rentes heritieres & reputées meubles, comme auſſi les heritages ſujets audit Echevinage, enſemble les rentes foncieres & non Seigneuriales, affectées ſur leſdits heritages ; le tout tel qu'il aura été délaiſſé par le premier mourant, & dont le ſurvivant demeure ſaiſi, à la charge de payer toutes les dettes, obſeques & funerailles du premier décedé.

XI. Les Charges & Offices, & les Catheuls & Marechauſſées ſituées hors de ladite Ville &

Banlieuë n'entreront point dans l'Entravef-
tillement.

XII. Si au décès du premier mourant il y a
un ou plufieurs enfans vivans iffus de leur mariage, le furvivant, quoiqué Proprietaire des
meubles, rentes & heritages fujets à l'Echevinage, eft tellement grevé dans fa proprieté,
quant aux heritages fujets à l'Echevinage &
aux rentes foncieres non Seigneuriales, affectées fur iceux, qu'il ne peut les vendre,
aliener ni les charger, tant qu'il y aura enfant
iffu dudit mariage vivant.

XIII. Si tous les enfans iffus & provenus
dudit mariage, ou leurs defcendans, décedent
avant le furvivant, alors ledit furvivant devient libre, & peut difpofer à fa volonté defdits
heritages fujets à l'Echevinage, comme auffi de
ceux acquis pendant leur mariage.

XIV. Les enfans ou petits-enfans, après le
décès du furvivant des peres ou meres, en ap-
prehendant les heritages fujets à l'Echevinage
& compris dans l'Entraveftiffement, ne font
point tenus des dettes faites & contractées par le
furvivant depuis le décès du premier mourant.

XV. Si le furvivant, ayant un ou plufieurs
enfans ou defcendans d'iceux, convole en fecondes nôces ou fubfequentes, & que defdites
fecondes ou fubfequentes nôces, foient iffus
enfans ou petits-enfans, lefdits enfans ou petits-
enfans des fecond, troifiéme ou fubfequens
mariages, ne peuvent prétendre aucun droit
par le décès dudit furvivant, ès heritages fujets
à l'Echevinage & délaiffez audit furvivant par
le décès du premier mourant; mais iceux heritages appartiendront en entier aux enfans du
premier mariage ou à leurs defcendans, à l'ex-
clufion des enfans ou petits-enfans des fecond
ou fubfequens mariages.

XVI. A l'égard des heritages sujets audit Echevinage échûs au survivant depuis le décès du premier mourant, ou par lui acquis, soit pendant son veuvage, soit pendant les second, troisiéme ou subsequens mariages, les enfans du premier mariage ou leurs descendans, n'y pourront prétendre aucune part, mais appartiendront aux enfans du second mariage, s'ils font échûs ou acquis par le survivant pendant le veuvage ou ledit second mariage, & il en sera de même des mariages subsequens, s'il en étoit survenu enfans ou petits-enfans.

XVII. L'homme & la femme pendant leur mariage soit qu'il y ait Entravestissement ou non, soit de sang, soit par Lettres, peuvent d'un mutuel consentement disposer de la totalité de leurs heritages sujets audit Echevinage, par Acte d'entrevifs seulement ; & ce au profit de telle personne que bon leur semblera, sauf le mari à la femme & la femme au mari.

XVIII. Dans le cas de l'Entravestissement de sang, il ne sera pas permis au mari, en acquerant des heritages sujets à l'Echevinage, de conditionner & stipuler que ce sera pour lui & sa femme, le dernier vivant tout tenant, nonobstant la disposition de l'Article cxx. de la Coutume générale de cette Province.

XIX. Dans le cas où il n'y auroit eu aucun Entravestissement entre les Conjoints, lesdits meubles, lesdites rentes & lesdits heritages sujets à l'Echevinage, se partagent après le décès du premier décedé, par moitié entre ses heritiers & le survivant, à la charge par le survivant de la moitié des dettes, & l'autre moitié à la charge desdits heritiers ; lesquels heritiers dudit prédécedé seront en outre tenus d'acquitter seuls & entierement les obseques, funerailles & dispositions testamentaires dudit premier mourant.

X X. S'il n'y a aucun Entraveftiffement entre Conjoints, le mari ne peut difpofer à caufe
de mort que de la moitié, tant des meubles,
rentes, que des heritages fujets à l'Echevinage,
foit qu'ils procedent de fon côté ou du côté de
fa femme, foit qu'ils ayent été acquis pendant le mariage; & à l'égard de l'autre moitié,
la femme en pourra pareillement difpofer, à
caufe de mort, pourvû que ce foit de l'autorité
de fon mari, ou à fon refus, en fe faifant autorifer en Juftice.

X X I. En matiere de fucceffion, le mort faifit le vif fon plus prochain heritier habile à lui
fucceder, fans qu'il foit obligé d'en faire aucune
apprehenfion, foit pour les meubles, foit pour
les heritages fujets audit Echevinage.

X X I I. Par la Coutume de cette Ville,
Loy, Banlieuë & Echevinage, à l'avenir nuls
enfans ou petits-enfans ne pourront venir à la
fucceffion de leurs peres, meres, ayeuls ou
ayeules, ou autres afcendans, qu'en rapportant
ce qu'ils auront eû & reçû en avancement
d'hoirie ou autrement, ou en moins prenant;
& néanmoins où lefdits enfans & petits-enfans
voudroient fe tenir à leurs dons, faire le pourront, en s'abftenant & renonçant à la fucceffion
defdits peres, meres, ayeuls ou ayeules, & autres afcendans.

X X I I I. En fucceffion, les meubles fe reglent fuivant la Coutume du vrai domicile du
défunt; mais les heritages fujets audit Echevinage, quoique fortiffans nature de meubles, fe
reglent par la Coutume dudit Echevinage.

X X I V. Nul ne peut être faifi des heritages
fujets audit Echevinage, ni des rentes foncieres non Seigneuriales affectées fur iceux, fans
en faire apprehenfion, fi ce n'eft qu'il les ait à
titre fucceffif.

XXV. Les Exécuteurs Teſtamentaires d'un défunt, ſe peuvent entremettre par proviſion dans l'exécution Teſtamentaire pour les meubles, heritages & rentes ſujets à l'Echevinage, en ſe pourvoyant pardevant le Juge de la maiſon mortuaire; & ce, par Requeſte, & à la charge néanmoins de ſe faire décreter par la ſuite, les heritiers appellez, ſans qu'il ſoit beſoin à l'avenir de ſe pourvoir par la miſe de fait.

XXVI. Les loyers des maiſons & heritages ſujets audit Echevinage, ſoit qu'il y ait Bail ou non, ſont privilegiez pour une année, & les meubles trouvez eſdites maiſons & heritages, peuvent être ſaiſis & gagez ſur ſimple pouvoir du Proprietaire, donné par écrit à un Sergent; lequel privilege aura lieu contre tous Créanciers du Locataire, fors les deniers Royaux, & ſuivant l'ordre de Droit.

XXVII. Pour les deniers des Impôts qui ſe levent dans ladite Ville, Loy, Banlieuë & Echevinage d'Arras, ſoit qu'il y ait obligation ou non, les meubles des redevables peuvent être exécutez, Commandement préalablement fait par le Sergent, ſur le pouvoir à lui donné par le Fermier avec l'extrait de ſon Rolle; & ſur leſdits meubles ainſi ſaiſis, ledit Fermier ſera payé par privilege pour un an & trois mois deſdites impoſitions; & s'il étoit dû plus au Fermier, ſera tenu ſe pourvoir par action ordinaire contre leſdits redevables.

XXVIII. Dans ladite Loy, Banlieuë & Echevinage de la Ville d'Arras, les arrêts au corps à Loy privilegiée ont lieu, en telle ſorte qu'un Bourgeois audit Echevinage, peut faire arrêter ſon Debiteur forain par le Sergent, en lui remettant, au préalable, ſes titres de créance; lequel Forain ainſi arrêté doit être conduit par le Sergent pardevant deux Echevins en l'Hôtel

Commun de ladite Ville, lesquels Echevins (le Créancier & le Debiteur préalablement entendus) peuvent faire constituer ledit Debiteur prisonnier, pour raison de la dette, si mieux n'aime ledit Debiteur donner suffisante caution, ou déposer au Greffe dudit Echevinage, les deniers de l'importance de la dette, sans néanmoins que les Bourgeois de ladite Ville puissent user dudit privilege contre les Habitans de la Cité.

XXIX. Et à l'égard de toutes matieres, desquelles il n'est point disposé au present Cahier, il en sera usé conformément à la Coutume générale d'Artois.

COUTUME LOCALE
& particuliere de la Loy, Banlieuë & Echevinage de la Cité d'Arras.

ARTICLE PREMIER.

Tous heritages sujets à la Loy, Banlieuë & Echevinage de la Cité d'Arras, sortissent nature de meubles, tant en succession, disposition, que Communauté, & ne tiennent, ne cotte, ne ligne, & ne sont sujets à retrait, soit lignager, soit Seigneurial, ni au Douaire Coutumier.

II. Toutes rentes foncieres non Seigneuriales, affectées sur des heritages sujets audit Echevinage, sont de pareille nature & condition que les heritages sur lesquels elles sont assises ; & ce, tant en succession qu'autrement.

III. Dans la Loy, Banlieuë & Echevinage de la Cité d'Arras, à l'avenir la réprésentation aura lieu en ligne directe à l'infini, & en ligne
collaterale

collaterale aux termes de Droit & non
de là.

IV. Par ladite Coutume, mari & femme ne
peuvent se donner l'un a l'autre leurs meubles,
rentes & heritages sujets audit Echevinage, si
ce n'est par la voye de l'Entravestissement.

V. Dans ladite Loy, Banlieue & Echevinage,
il y a deux sortes d'Entravestissemens, l'un appellé Entravestissement de sang, l'autre appellé
Entravestissement par Lettres, si par les Contrats de mariage il n'est specialement & ex-
pressément dérogé & renoncé à la Loi des Entravestissemens, introduite par la Coutume dudit Echevinage.

VI. L'Entravestissement de sang a lieu entre
Conjoints communs en biens & domiciliez au
tems de la célébration de leur mariage dans
ladite Loi, Banlieue & Echevinage de la Cité
d'Arras, quand il y a, ou y a eu enfant vivant
issu dudit mariage.

VII. L'Entravestissement par Lettres se fait
quand deux Conjoints par mariage communs
en biens & domiciliez dans la Loy, Banlieue &
Echevinage de ladite Cité, lors de la célébration
dudit mariage, & au tems dudit Entravestissement, & n'ayant point eu d'enfant de leur
mariage, comparent pardevant deux Echevins
en l'Hôtel Commun de ladite Cité, ou au
Greffe dudit Echevinage, & là reconnoissant
l'amour mutuel qu'ils ont l'un envers l'autre,
la femme embrasse son mari & s'entravestissent
l'un & l'autre de tous les biens & effets qui
doivent composer & entrer dans l'Entravestissement, dont il est couché Acte sur le Registre
dudit Greffe, & leur en est délivré une Expedition par le Greffier dudit Echevinage de ladite
Cité d'Arras.

VIII. Au survivant des deux Conjoints, au

ca d'Entravestissement, soit de sang, soit par Lettres, appartiendront & entreront dans lesdits Entravestissemens tous les meubles réels & de leur nature, en quelques lieux qu'ils soient situez, toutes les rentes heritieres & réputées meubles; comme aussi les heritages sujets audit Echevinage, ensemble les rentes foncieres & non Seigneuriales, affectées sur lesdits heritages : Le tout tel qu'il aura été délaissé par le premier mourant, & dont le survivant demeure saisi, à la charge de payer toutes les dettes, obseques & funerailles du prédecedé.

IX. Les Charges & Offices, & les Catheuls & Maréchaussées, situez hors de ladite Cité & Banlieue, n'entreront point dans lesdits Entravestissemens.

X. Si au décès du premier mourant il y a un ou plusieurs enfans vivans issus de leur mariage, ou petits-enfans, le survivant, quoique Proprietaire des meubles, rentes & heritages sujets audit Echevinage, est tellement grevé dans sa proprieté, quant ausdits heritages & rentes foncieres non Seigneuriales, assises sur iceux, qu'il ne peut les vendre, les alienner, ni les charger tant qu'il y aura enfant issu dudit mariage vivant, ou petits-enfans.

XI. Si tous les enfans ou petits-enfans issus & provenus dudit mariage, décedent avant le survivant, alors ledit survivant devient libre & peut disposer à sa volonté des heritages sujets audit Echevinage, comme de ceux par lui acquis.

XII. Si le survivant ayant un ou plusieurs enfans ou descendans d'iceux, convole en secondes nôces, & que desdits second ou subsequens mariages, soient issus des enfans, lesdits enfans ne pourront prétendre aucun droit par le décès du survivant, ès heritages sujets audit

Echevinage, & délaissez audit survivant par le décès du premier mourant ; mais iceux heritages appartiendront en entier aux enfans du premier mariage.

XIII. Et a l'égard des heritages sujets audit Echevinage, échûs au survivant depuis le décès du premier mourant, ou par lui acquis, soit pendant son veuvage, soit pendant les second ou subsequens mariages, les enfans du premier lit ou leurs descendans n'y pourront rien prétendre, mais lesdits heritages appartiendront aux enfans du second mariage, s'ils sont échûs au survivant ou par lui acquis, soit pendant son veuvage, soit pendant le second mariage, & il en seroit usé de même dans le cas, que des mariages subsequens il fût issu des enfans.

XIV. L'homme & la femme, pendant leur mariage, soit qu'il y ait Entravestissement ou non, de sang ou par Lettres, peuvent d'un mutuel consentement disposer de tous leurs heritages sujets audit Echevinage, par Contrat de donation d'entrevifs seulement, au profit de telle personne que bon leur semblera ; sauf le mari à la femme, & la femme au mari.

XV. Dans le cas où il n'y auroit eu aucun Entravestissement entre les Conjoints, lesdits meubles, rentes & heritages sujets audit Echevinage, se partagent après le décès du premier mourant, entre ses heritiers & le survivant ; à la charge par le survivant de la moitié des dettes, & l'autre moitié à la charge desdits heritiers ; lesquels heritiers dudit prédecedé seront en outre tenus d'acquitter seuls & entierement les obseques, funerailles & dispositions Testamentaires dudit premier mourant.

XVI. S'il n'y a aucun Entravestissement entre Conjoints, le mari ne peut disposer à cause de mort que de la moitié, tant des meubles,

rentes, que des heritages sujets audit Echevinage, soit qu'ils procedent de son côté ou du
côté de sa femme, soit qu'ils ayent été acquis
pendant le mariage; & à l'égard de l'autre moitié, la femme en pourra pareillement disposer
à cause de mort, pourvû que ce soit de l'autorité de son mari, ou à son refus, en se faisant
autoriser en Justice.

XVII. En matiere de succession, le mort
saisit le vif son plus prochain heritier habile à
lui succeder, sans avoir égard de quel lez &
côté il est parent au défunt, & sans que ledit
heritier soit obligé de faire aucune apprehen-
sion, soit des meubles, soit des heritages sujets
audit Echevinage.

XVIII. En succession les meubles se reglent
suivant la Coutume du domicile du défunt;
mais les heritages sujets audit Echevinage,
quoique sortissans nature de meubles, se reglent
par la Coutume dudit Echevinage.

XIX. Par ladite Coutume à l'avenir nuls enfans ne pourront venir à la succession de leurs
pere, mere, ayeul ou ayeule, ou autres ascendans, qu'en rapportant ce que eux ou leurs
pere & mere auroient reçû en avancement
d'hoirie ou autrement, ou en moins prenant;
& néanmoins où lesdits enfans & petits-enfans
voudroient se tenir à leurs dons, faire le pourront, en s'abstenant & renonçant à la succession
desdits pere, mere, ayeul ou ayeule, ou autres
ascendans.

XX. Les loyers des maisons & heritages sujets à la Loy, Banlieuë, & Echevinage de la
Cité d'Arras, soit qu'il y ait Bail ou non, sont
privilegiez pour une année en faveur du Proprietaire, & les meubles trouvez esdites maisons & heritages peuvent être saisis & arrêtez
sur simple pouvoir du Proprietaire donné par

écrit au Sergent ; lequel privilege a lieu contre tous les Créanciers du Locataire, excepté les deniers Royaux.

XXI. Pour les deniers Royaux & autres Impôts qui se levent dans ladite Loy, Banlieuë & Echevinage de la Cité d'Arras, soit qu'il y ait obligation ou non, les meubles des redevables peuvent être exécutez, commandement préalablement fait par le Sergent, sur le pouvoir à lui donné par le Fermier desdits deniers & Impôts, au bas de l'Extrait de son Rolle ; & sur le prix provenant desdits meubles ainsi saisis, ledit Fermier sera payé par privilege, pour une année seulement, desdites impositions ; & s'il lui étoit dû plus, sera tenu se pourvoir suivant l'ordre de Droit.

XXII. Dans ladite Loy, Banlieue & Echevinage de la Cité d'Arras, les arrêts au corps à la Loy privilegiée ont lieu, en telle sorte qu'un Bourgeois audit Echevinage peut faire arrêter son Debiteur forain par le Sergent, en lui remettant au préalable ses titres de créance ; lequel Forain ainsi arrêté doit être conduit par le Sergent pardevant deux Echevins en l'Hôtel Commun de ladite Cité, lesquels Echevins (le Créancier & le Debiteur préalablement entendus) peuvent faire constituer ledit Debiteur prisonnier pour raison de la dette, si mieux n'aime ledit Debiteur donner suffisante caution, ou déposer au Greffe dud. Echevinage les deniers de l'importance de la dette, sans néanmoins que les Bourgeois de ladite Cité puissent user dudit privilege envers ceux de la Ville.

XXIII. Et à l'égard de toutes matieres desquelles il n'est point disposé au present Cahier, il en sera usé conformement à la Coutume générale de la Province d'Artois.

COUTUME LOCALE
& particuliere de la Ville & Bailliage de Bapaume en Artois.

ARTICLE PREMIER.

Par ladite Coutume, au Seigneur Haut-Justicier seulement, & non au Seigneur Vicomtier, appartient droit d'Ayde sur ses Hommes de Fiefs, pour les cas mentionnez en l'Article XXXVIII. de la Coutume générale d'Artois, à laquelle à cet égard on se refere.

II. Tout Vassal, pour felonie ou désaveu vers son Seigneur, tel qu'il soit, encoure la commise ou confiscation de son Fief envers son Seigneur.

III. Au haut Justicier seulement, & non au Vicomtier, appartiennent tous droits d'espaves & l'amende de soixante sols Parisis, faute de dénonciation dans les vingt-quatre heures, ensemble les Hoiries des Bâtards dans les cas où elles ont lieu.

IV. Le droit de forage dû au Seigneur foncier sur les boissons qui se vendent en détail dans l'étendue de sa Seigneurie fonciere, est de deux lots ou pots de chaque piece, de quelque jauge & continence qu'elle soit.

V. Pour création de rentes heritieres ou viageres, rachetables ou non rachetables, ou pour sommes prêtées, non courantes à rente, le tout assis & hypotéqué sur des immeubles, soit Fiefs, soit Cotteries ou Rotures, soit main-ferme, ne sont dûs aucuns droits Seigneuriaux aux Seigneurs de qui les immeubles sont tenu.

VI. Mais si dans la suite lesdits immeubles tenus en Fiefs, se vendent, les Seigneurs de

qui ils font tenus ont pleins droits Seigneuriaux felon la valeur du Fond.

VII. En aliénation de Cotteries & main-
ferme, le Seigneur ne peut exiger pour tous
droits Seigneuriaux que douze deniers parifis,
pour chaque piece de terre, lefquels fe doivent
payer par l'Acheteur.

VIII. Par la Coutume de ladite Ville & Bailliage de Bapaume, les heritages cottiers & de
main-ferme font de libre difpofition, & ne
fuivent ne cotte, ni ligne; mais en fucceffion
appartiennent aux plus prochains heritiers du
défunt, & l'on peut en difpofer, fans obferver
aucune des trois voyes prefcrites par l'Article
LXXVI. de la Coutume générale d'Artois.

IX. Lefdits heritages cottiers & de main-
ferme ne font fujets à retrait lignager, mais
font fujets au retrait cenfuel & Seigneurial,
fors ceux fituez dans la Ville & Echevinage
dudit Bapaume, lefquels en font exempts.

X. Granges, Etables, Marechauffées, comme auffi Maifons manables, Chambres, Por-
tes, Four & Colombier, font réputez heritages
& de même nature que le Fond.

XI. La croifée, eftache, gifant, belfroy,
arbres, geolle, maifons, pierres & meules, &
tout ce qui eft édifié fur Moulin à vent & à
eau eft réputé heritage.

XII. Bleds verds, & autres ablais & avaftu-
res, font réputez heritages, jufqu'à ce qu'ils
foient coupez ou fauchez.

XIII. Par ladite Coutume le mort faifit le
vif, fon plus prochain heritier habile à lui fucceder; fans qu'il foit tenu de faire appréhenfion,
ni relever, ni droiturer aucuns des heritages,
cottiers & de main-ferme, aufquels il fuccede,
ni pour ce, payer aucuns droits Seigneuriaux.

XIV. Par la même Coutume de la Ville &

Bailliage de Bapaume , à l'avenir reprefenta-
tion aura lieu en ligne directe à l'infini , & en
quelque degré que ce foit , & en ligne collaterale aux termes de Droit , & non au-delà.

XV. Par la même Coutume , à l'avenir nuls
enfans ou petits-enfans ne pourront venir à la
fucceffion de leurs pere & mere, ayeul ou ayeule , ou autres afcendans , qu'en rapportant ce
qu'ils auront eu & reçû en avancement d'hoirie ou autrement , ou en moins prenant; &
néanmoins où lefdits enfans ou petits-enfans
voudroient fe tenir à leurs dons , faire le pourront , en s'abftenant & renonçant à la fucceffion defdits pere & mere , ayeul ou ayeule , ou
autres afcendans.

XVI. En fucceffion de fils ou filles, à défaut
d'hoirs, defcendans en ligne directe, les peres
& meres font leurs heritiers en toutes chofes ,
fauf aux Fiefs patrimoniaux qui ne remontent
point.

XVII. Par la même Coutume de tous tems
obfervée, les heritages cottiers & de main-ferme , font à l'inftant de la célébration du mariage , communs entre Conjoints de quelque côté qu'ils leur viennent.

XVIII. Mari & femme ne peuvent fe donner l'un à l'autre , leurs meubles, rentes & heritages cottiers ou de main-ferme , fi ce n'eft par
la voye des Entraveftiffemens.

XIX. Par ladite Coutume du Bailliage , Ville
& Echevinage de Bapaume , auffi de tout tems
obfervée, il y a deux fortes d'Entraveftiffemens, l'un appellé Entraveftiffement de fang ,
l'autre appellé Entraveftiffement par Lettres ,
fi par les Contrats de mariage il n'eft fpéciale-
ment & expreffement derogé & renoncé à la
Loi des Entraveftiffemens , introduite par cer-
te Coutume.

XX. L'Entraveſtiſſement de ſang a lieu entre Conjoints communs en biens & domiciliez au tems de la célébration du mariage, dans l'étendue du Bailliage, Ville & Echevinage de Bapaume, quand il y a ou y a eu enfans vivans iſſus dudit mariage.

XXI. L'Entraveſtiſſement par Lettres ſe fait quand deux Conjoints par mariage communs en biens & domiciliez dans l'étendue dudit Bailliage, Ville & Echevinage, lors de la célébration dudit mariage, & au tems dudit Entraveſtiſſement; & n'ayant point eu d'enfant de leur mariage, comparent pardevant les Officiers de la Juriſdiction où les biens ſont ſituez, ou pardevant les Officiers du Bailliage, à leur choix, & là, le mari & la femme reconnoiſ-ſant l'amour mutuel qu'ils ont l'un envers l'au-tre, la femme embraſſe ſon mari & s'entraveſ-tiſſent l'un & l'autre de tous les biens qui doi-vent compoſer & entrer dans l'Entraveſtiſſe-ment, dont il doit être couché Acte ſur le Re-giſtre du Greffe deſdites Juriſdictions, & dont il leur doit être délivré Expedition par le Greffier.

XXII. Au ſurvivant des deux Conjoints, au cas d'Entraveſtiſſement, ſoit de ſang, ſoit par Lettres, appartiendront & entreront dans leſdits Entraveſtiſſemens tous les biens meu-bles & reputez tels à tous effets, toutes les ren-tes heritieres, enſemble les rentes foncieres non Seigneuriales; comme auſſi tous les heri-tages, cottiers & de main-ferme; le tout tels qu'ils auront été poſſedez par les Conjoints & délaiſſez par le premier mourant, du tout quoi le ſurvivant demeure ſaiſi, à la charge de payer toutes les dettes, obſeques & funerailles du pre-mier décedé.

XXIII. Si au décès du premier mourant il y a un ou pluſieurs enfans vivans iſſus de leur ma-

riage, le furvivant (quoique proprietaire defdits biens-meubles, rentes & heritages cottiers.
& de main-ferme) eft tellement grevé dans la
proprieté, quant aufdits heritages cottiers &
de main-ferme, & rentes foncieres non Seigneuriales affifes fur iceux, qu'il ne peut les
vendre, les alienner, ni les hipotéquer tant qu'il
y aura enfans ou petits-enfans iffus dudit mariage vivans.

XXIV. Si tous les enfans iffus & provenus
dudit mariage ou leurs defcendans décedent
avant le furvivant, alors ledit furvivant devient libre, & peut difpofer a fa volonté defdits
heritages cottiers & de main-ferme.

XXV. Les enfans ou petits-enfans, après le
trépas du furvivant des peres ou meres, en ap-
prehendant lefdits heritages cottiers ou de main-
ferme, compris dans l'entraveftiffement, ne
font point tenus des dettes faites & contractées par le furvivant depuis le décès du premier
mourant.

XXVI. Par la même Coutume de tout tems
obfervée (fi le furvivant ayant un ou plufieurs
enfans ou defcendans d'iceux) convole en fecondes ou fubfequentes nôces, & que defdits
fecond & fubfequens mariages feroient iffus des
enfans ou petits-enfans, lefdits enfans ou petits-enfans defdits fecond & fubfequens mariages, ne peuvent pretendre aucun droit par le
décès dudit furvivant efdits heritages cottiers
& de main-ferme, fituez & affis dans l'étendue dudit Bailliage, Ville, Loy & Echevinage
de Bapaume, & délaiffez au furvivant par le
trépas du premier mourant; mais iceux heritages appartiendront en entier aux feuls enfans
du premier mariage, ou à leurs defcendans.

XXVII. Et à l'égard des heritages cottiers &
de main-ferme, échus au furvivant depuis le

décès du premier mourant, ou par lui acquis, ou à lui obvenus, soit pendant son veuvage, soit pendant les second ou subsequens mariages, les enfans du premier lit ou leurs descendans n'y pourront prétendre aucune part, mais appartiendront en entier aux seuls enfans du second mariage, s'ils sont échus ou acquis par le survivant pendant son veuvage, ou ledit second mariage; & il en sera usé de même pour les autres mariages subsequens, s'il en étoit survenu enfans ou petits-enfans.

XXVIII. Par ladite Coutume s'il y a Entravestissement, soit de sang, soit par Lettres, maris & femmes ne peuvent disposer de leurs heritages cottiers & de main-ferme, que d'un mutuel consentement.

XXIX. Dans le cas d'Entravestissement de sang, à l'avenir il ne sera pas permis au mari, en acquerant des heritages cottiers & de main-ferme situez dans l'étendue du Bailliage, Ville & Echevinage de Bapaume, de conditionner & stipuler que ce sera pour lui & sa femme, le dernier vivant tout tenant, nonobstant la disposition de l'Article CXX. de la Coutume générale de la Province d'Artois.

XXX. Dans le cas où il n'y auroit eu aucun Entravestissement entre les Conjoints lesd. biens meubles, lesdites rentes & lesdits heritages cottiers & de main-ferme, se partageront après le décès du premier décedé, par moitié entre ses héritiers & le survivant, à la charge par le survivant de la moitié des dettes, & l'autre moitié à la charge desdits héritiers du prédecedé; seront en outre tenus d'acquitter seuls & entierement les obseques, funerailles & dispositions testamentaires dudit premier mourant.

XXXI. Sera loisible à la femme, en renonçant à la Communauté & au bénéfice de l'En-

traveftiffement, de reprendre franchement &
quittement tout ce qu'elle aura apporté en mariage, enfemble tout ce qui lui fera échu & ob-
venu pendant icelui; & en cas d'alienation,
aura l'action de remploi fur les biens délaiffez
par le trépas de fondit mari.

XXXII. Par la Coutume de ce Bailliage &
Ville, Douaire Coutumier a lieu fur les heritages féodaux feulement, & non fur heritages
cottiers & de main-ferme.

XXXIII. Par la même Coutume, feconde
femme a droit de Douaire Coutumier fur heritage féodal, foit qu'il procede de patrimoine
ou d'acquêts, comme fait la premiere, foit
qu'il y ait enfans vivans ou non, du précédent
mariage, & ainfi les troifiéme & fubfequentes
femmes.

XXXIV. Dans la Ville & Echevinage de Bapaume, les Mayeur & Echevins ont par points
de privileges & Chartres, l'exercice de Jurif-
diction, connoiffance & Judicature, tant au
Civil qu'au Criminel; & ce, pour les cas pour
lefquelles ils font déclarez compétens par les
Ordonnances Royaux, & l'appellation de leurs
Jugemens reffortit pardevant les Officiers &
Hommes de Fiefs de la Cour du Bailliage
dudit Bapaume.

XXXV. Dans ladite Ville & Echevinage,
nul ne peut fe dire Bourgeois de la Ville &
Echevinage de Bapaume, s'il n'y eft né, ou
reçû à Bourgeois pardevant les Echevins; & ne
peuvent lefdits Bourgeois jouir du privilege de
la Bourgeoifie, qu'en tant qu'ils font réfidence
en ladite Ville & Echevinage dudit Bapaume.

XXXVI. Dans ladite Ville & Echevinage,
les arrêts au Corps à la Loy privilegiée, ont
lieu, en telle forte qu'un Bourgeois de ladite
Ville & Echevinage, peut faire arrêter fon Débiteur

biteur forain par les Sergens dans les rues de ladite Ville, en leur remettant au préalable le titre de créance ou pouvoir par écrit; lequel Forain, ainſi arrêté, doit être conduit par le Sergent pardevant deux Echevins en l'Hôtel Commun de ladite Ville, leſquels Echevins (le Créancier & le Débiteur préalablement entendus) peuvent faire conſtituer le Débiteur forain priſonnier, pour raiſon de la dette, ſi mieux n'aime ledit Débiteur donner ſuffiſante caution, ou dépoſer au Greffe dudit Echevinage les deniers de l'importance de la dette.

XXXVII. Mais s'il étoit queſtion par le Créancier de faire arrêter un Débiteur forain dans les maiſons de cette Ville & Echevinage, le Sergent ſera tenu être aſſiſté de deux Echevins.

XXXVIII. Et néanmoins ſont exemts dudit arrêt au corps tous ceux qui viennent en ladite Ville à la ſuite des Juriſdictions en icelle, pour y pourſuivre leurs Cauſes & Procès ; le tout néanmoins ſans fraude.

XXXIX. Par ladite Coutume de la Ville & Bailliage de Bapaume, les loyers des maiſons & Fermages des heritages, ſoit qu'il y ait Bail ou non, ſont privilegiez pour un an , & peut le proprietaire deſdites maiſons & heritages faire ſaiſir les meubles, grains & aveſtures appartenans aux Locataires ou Fermiers deſdites maiſons & heritages, ſur le prix deſquels, en cas de vente, ledit proprietaire ſera payé pour une année échue, par préference à tous Créanciers deſdits Locataires ou Fermiers, déduction néanmoins faite des frais de Juſtice, labours, ſemences & deniers Royaux.

XL. Et à l'égard de toutes les matieres deſquelles il n'eſt point diſpoſé au preſent Cahier, il en ſera uſé conformément à la Coutume générale d'Artois.

COUTUME LOCALE
& particuliere du Pays de l'Allœu.

ARTICLE PREMIER.

Par la Coutume dudit pays de l'Allœu, de tout tems obfervée, les Echevins dudit pays ont connoiffance & judicature tant au Civil qu'au Criminel, même en matiere de Police, tant fur les terres tenues en Fiefs, qu'en cotteries.

II. Audit Pays les Echevins ont droit de donner faifine, deffaifine & rapport d'heritages fur les Terres Cottieres fujettes audit Echevinage, fauf & excepté les terres & heritages arrentez à la Prevôté de Sailly, pour raifon defquelles les Officiers dudit Prevôt, pour fa Seigneurie fonciere, ont droit de donner faifine & deffaifine.

III. Et quant aux Terres tenues en Fiefs, les faifine, défaifine & rapport d'iceux en appartiennent aux Hommes de Fief dont les terres relevent.

IV. Par ladite Coutume, tous proprietaires font en droit de pêcher dans les Foffez faifant partie de leur heritage.

V. Tous arbres & plantis étant fur chemins Royaux, ou autres chemins & flégards, appartiennent au Proprietaire des terres adjacentes aufdits chemins & flégards, à la charge par lefdits Proprietaires d'entretenir lefdits chemins; & ce à peine d'amende.

VI. Néanmoins ne peuvent lefdits Proprietaires foüir fur lefdits chemins Royaux pour abbattre ou déroder lefdits arbres fur lefdits chemins Royaux, fans la permiffion du Sei gneur qui doit leur être accordée moyennant douze deniers Tournois, auquel Seigneur appartiennent les arbres étant au milieu desdits chemins Royaux, sans être tenus de l'entretien desdits chemins.

VII. Par ladite Coutume, l'on peut bailler à rente ou surcens, son heritage cottier sujet à l'Echevinage, pour en jouir par le Preneur heritablement & à toujours, sans que pour raison de ladite baillée à rente ou surcens, il soit dû aucuns droits Seigneuriaux, sauf néanmoins les Titres des Seigneurs de Saint Vaast & des autres Seigneurs au contraire.

VIII. Il n'est dû aucuns droits aux Seigneurs dans le cas de vraie donation, sauf les Titres particuliers des Seigneurs au contraire.

IX. Pour dons faits par pere, mere, ou autres ascendans à leurs enfans, soit par mariage ou autrement, en avancement d'hoirie, n'est dû aucuns droits Seigneuriaux ni reliefs.

X. Pour rentes constituées & hipotéquées sur des héritages sujets à l'Echevinage du pays de l'Allœu, n'est dû aucuns droits Seigneuriaux.

XI. En cas de vente d'heritage sujet audit Echevinage, tout ce qui est sur la superficie n'est point sujet aux droits Seigneuriaux, mais seulement la valeur du Fond & sol dudit heritage.

XII. Par ladite Coutume toutes rentes foncieres, soit à rachat ou non, & non Seigneuriales, affectées sur heritages sujets audit Echevinage, sont de pareille nature & condition que les heritages sur lesquels elles sont assises ; & ce, tant en succession qu'autrement.

XIII. Mais rentes heritieres ou constituées à prix d'argent, encore qu'elles soient affectées & hipotéquées sur heritages sujets audit Echevinage, sont réputées meubles.

XIV. Audit pays de l'Allœu, on peut vendre, charger ou aliener fon heritage patrimonial fujet à l'Echevinage, fans être tenu d'obferver aucune des trois voyes introduites par la Coutume générale d'Artois.

XV. Par la Coutume dudit pays, le mort faifit le vif fon plus prochain heritier habile à lui fucceder, fans que ledit heritier foit tenu payer aucun droit pour raifon des terres cottieres aufquelles il fuccede, fauf néanmoins les Titres des *Seigneurs* au contraire.

XVI. De tout tems, audit pays, répréfentation a lieu à l'infini en ligne directe, & en ligne collaterale aux termes de Droit.

XVII. Par ladite Coutume on ne peut être heritier & Legataire dans la même fucceffion.

XVIII. Par la même Coutume de tout tems obfervée, nuls enfans ou petits-enfans ne peuvent venir à la fucceffion de leurs peres, meres, ayeuls ou ayeules, ou autres afcendans, qu'en rapportant ce qu'ils ont eû & reçû en avancement d'hoirie ou autrement, ou en moins prenant; & néanmoins où lefdits enfans & petits-enfans veulent fe tenir à leurs dons, faire le peuvent, en s'abftenant & renonçant à la fucceffion defdits peres, meres, ayeuls ou ayeules, ou autres afcendans.

XIX. L'enfant mâle eft réputé âgé à dix-fept ans, & la fille à quinze ans complets, à l'effet de jouir & adminiftrer leurs biens.

XX. Audit pays, quand aucun heritage patrimonial fujet à l'Echevinage, eft vendu, les parents lignagers peuvent retraire dans l'an & jour; & en cas de concurrence entre plufieurs parents, le plus prochain lignager eft préférable; & où ils feroient tous retrayans en égal dégré, le plus diligent l'emporteroit.

XXI. Audit pays de l'Allœu, il y a deux for-

ces d'Entraveſtiſſemens; l'un appellé Entraveſtiſſement de ſang, l'autre appellé Entraveſtiſſement par Lettres, ſi par les Contrats de mariage il n'eſt ſpécialement & expreſſément dérogé
& renoncé à la Loi des Entraveſtiſſemens introduite par ladite Coutume du pays de l'Allœu.

XXII. L'Entraveſtiſſement de ſang a lieu entre Conjoints communs en biens & domiciliez
au tems de la célébration de leur mariage audit
pays de l'Allœu, quand il y a, ou y a eu enfans vivans iſſus dudit mariage.

XXIII. L'Entraveſtiſſement par Lettres ſe fait
quand deux Conjoints par mariage communs
en biens & domiciliez audit pays de l'Allœu,
lors de la célébration dudit mariage & au tems
dudit Entraveſtiſſement; & n'ayant point eu
d'enfant de leur mariage, comparent pardevant
deux Echevins dudit pays, & au Greffe dudit
Echevinage, & là reconnoiſſant l'amour mutuel qu'ils ont l'un envers l'autre, la femme
embraſſe ſon mari, & s'entraveſtiſſent l'un &
l'autre de tout ce qui doit compoſer & entrer
dans l'Entraveſtiſſement, dont il ſera couché
Acte ſur le Regiſtre du Greffe dudit Echevinage, & leur en ſera délivré une Expédition
par le Greffier.

XXIV. Par ladite Coutume, au ſurvivant
des deux Conjoints, en cas d'Entraveſtiſſement, ſoit de ſang, ſoit par Lettres, appartiendront en toute propriété tous les meubles
réels & de leur nature en quelques lieux qu'ils
ſoient ſituez, toutes les rentes heritieres & réputées meubles, tel que le tout aura été délaiſſé par le premier mourant, & dont le ſurvivant demeure ſaiſi.

XXV. Les Charges & Offices, & les Catheulx
& Marechauſſées ſituez hors dudit pays, n'entreront point dans les Entraveſtiſſemens.

XXVI. Entrera pareillement dans les Entraveſtiſſemens, ſoit de ſang, ſoit par Lettres, l'uſufruit ſeulement de tous les heritages ſujets à l'Echevinage dudit pays de l'Allœu, & poſſedez par les Conjoints au jour du decès du premier mourant, ſoit que leſdits heritages ſoient patrimoniaux auſdits Conjoints, ſoit qu'ils ayent été par eux acquis, avant ou pendant le mariage.

XXVII. Dans le cas deſdits Entraveſtiſſemens, ſoit de ſang, ſoit de Lettres, le ſurvivant ſera tenu d'acquitter toutes les dettes délaiſſées par le premier mourant, enſemble ſes obſeques & funerailles.

XXVIII. Dans le cas d'Entraveſtiſſement de ſang, la proprieté de tous les heritages ſujets audit Echevinage, & appartenans aux Conjoints au décès du premier mourant, ſera dévoluë & appartiendra aux enfans iſſus du mariage, & au dernier vivant d'iceux, pour après le trépas du ſurvivant être l'uſufruit réuni à la proprieté, ſans que leſdits enfans ou leurs deſcendans, ou le dernier vivant d'iceux, puiſſe, pour raiſon dudit uſufruit, être tenu des dettes contractées par le ſurvivant depuis le décès du premier mourant.

XXIX. Et ſi le dernier deſdits enfans ou petits-enfans venoit à déceder avant le ſurvivant, alors ledit ſurvivant, par droit de reverſion, rentrera dans la proprieté incommutable des heritages qui lui étoient patrimoniaux, de ceux par lui acquis, ou à lui obvenus avant le mariage, & de la moitié de ceux qui auroient été conquêts de communauté; à l'égard de l'autre moitié deſdits conquêts, enſemble de la totalité des heritages patrimoniaux du premier décedé, & de ceux par lui acquis ou à lui obvenus pendant le mariage, la proprieté en appartiendra aux heritiers collateraux du dernier enfant decedé, pour être partagez entre eux fuivant la difpofition de la Coutume générale d'Artois.

XXX. Dans le cas d'Entraveftiffement par Lettres, les heritiers collateraux du premier décedé fuccederont à la proprieté de tous les heritages patrimoniaux audit premier décedé, de tous ceux par lui acquis ou à lui obvenus avant le mariage, & en la moitié des conquêts de communanté, l'ufufruit du tout néanmoins réfervé au furvivant.

XXXI. Par ladite Coutume à l'avenir les Entraveftiffemens, foit de fang, foit par Lettres, auront lieu entre Conjoints dans le cas de fecond ou fubfequents mariages, encore que l'un des Conjoints eût enfant d'un précédent mariage, s'il n'eft néanmoins par les Contrats de mariages expreffement renoncé aufdits Entraveftiffemens.

XXXII. Dans le cas dudit Entraveftiffement de fang, fi le furvivant des pere & mere, ayant enfans ou petits-enfans iffus de leur mariage, convole à de fecondes nôces, les enfans du fecond lit ou leurs defcendans ne pourront rien prétendre à la proprieté de tous les heritages fujets à l'Echevinage, ayant appartenu aux Conjoints lors de la diffolution du premier mariage, ladite proprieté étant entierement dévoluë aux feuls enfans du premier lit, ou à leurs defcendans.

XXXIII. Et à l'égard des heritages échûs au furvivant par fucceffion ou obvention, ou par lui acquis, foit pendant fon veuvage, foit pendant le fecond mariage audit cas d'Entraveftiffement de fang, la proprieté en fera dévoluë aux feuls enfans du fecond mariage ou leurs defcendans, fans que les enfans ou petits-enfans des autres lits y puiſſent rien prétendre , & il en ſera uſé de même pour les enfans iſſus d'un troiſiéme ou ſubſequents mariages.

XXXIV. Les loyers des maiſons & heritages ſujets à l'Echevinage dudit pays de l'Allœu , ſoit qu'il y ait Bail ou non , ſont privilegiez pour une année ſeulement , & les meubles trouvez eſdites maiſons & heritages, peuvent être ſaiſis & exécutez ſur permiſſion préalablement priſe des Echevins dudit pays ; lequel privilege aura lieu en faveur des proprietaires contre tous Créanciers du Locataire , ſauf pour deniers Royaux.

XXXV. Par ladite Coutume , les loyers & rendages des terres baillées à cens & à ferme, ſont auſſi privilegiez pour un an , & peut le Proprietaire dudit heritage faire ſaiſir les meubles & grains de ſon Fermier , ou autres fruits & aveſtures étant ſur terre, ſur le prix deſquels ledit proprietaire ſera payé par privilege , pour ladite année échûë , par préférence à tous Créanciers dudit Fermier, déduction néanmoins faite des frais de labour & ſemence , & des deniers Royaux.

XXXVI. Audit pays de l'Allœu l'on uſe d'arrêt à la Loi privilegiée qui eſt telle, que tous Forains non proprietaires ni occupeurs d'heritages ſituez audit pays , peuvent être arrêtez pour dettes, & ainſi arrêtez , conduits pardevant deux Echevins , leſquels (le Créancier & le Debiteur entendus) peuvent faire conſtituer le Debiteur priſonnier pour raiſon de la dette , ſi mieux n'aime ledit Debiteur donner ſuffiſante caution , ou dépoſer au Greffe dudit Echevinage les deniers de l'importance de la dette.

XXXVII. Et à l'égard de toutes matieres deſquelles il n'eſt point diſpoſé au preſent Cahier, il en ſera uſé conformément à la Coutume générale d'Artois. Et à l'égard de la Ville , Banlieuë &

(33)

Echevinage de Lens, Voulons qu'à l'avenir elle
foit regie par la Coutume générale d'Artois. Voulons néanmoins qu'à l'avenir, aud. pays, la répréfentation ait lieu en ligne directe à l'infini, & en
ligne collaterale aux termes de Droit, & non au-
delà. Comme auffi que nuls enfans ou petits-enfans, ne puiffent venir à la fucceffion de leurs
peres, meres, ayeuls ou ayeules, ou autres afcendans, qu'en rapportant ce qu'ils auront eû & reçû
en avancement d'hoirie ou autrement, ou en
moins prenant; & néanmoins que, où lefdits
enfans ou petits-enfans voudroient fe tenir à
leurs dons, ils puiffent le faire, en s'abftenant
& renonçant à la fucceffion defdits peres, meres, ayeuls ou ayeules, & autres afcendans.

Tous lefquels Articles Voulons être gardez,
obfervez & entretenus à l'avenir, ainfi que dit
eft, fans rien innover en ce qui concerne les
partages des fucceffions échûes, & les difpofi-
tions, actes ou demandes qui fe trouveroient
d'une datte anterieure à la publication des Préfentes, à l'égard defquelles les anciennes Coutumes ou Ufages defdits pays, feront obfervez
tels qu'ils ont eu lieu par le paffé; à l'égard de
ceux defdits Articles qui auroient été feulement
admis par provifion, enfemble des autres points
& Articles qui ayant donné lieu à des débats,
conteftations ou oppofitions, ont été mis en
fufpens par notredit Commiffaire, ou fur lefquels il auroit rendu des Ordonnances provi-
foires, les avons renvoyées en notre Cour de
Parlement de Paris, pour y être ftatué, foit en
procedant au Jugement des conteftations particulieres qui y font pendantes, ou qui pour-
roient y furvenir, ou autrement, ainfi qu'il
appartiendra: Nous refervant d'expliquer nos
intentions fur ceux aufquels il a été furcis par
notredit Commiffaire, jufqu'à ce qu'il y eût été

par Nous pourvû. Voulons que les Procès-verbaux dreſſez par notredit Commiſſaire, tant en la Ville d'Arras qu'en celle de Bapaume, enſemble toutes les Pieces & Cahiers y annexez, ſoient remis au Greffe de notredite Cour, & y demeurent dépoſez, pour y avoir recours, ſi beſoin eſt, le tout ſans préjudice de nos Droits, en tout ce qui pourroit y être contraire, ſoit dans leſdits Articles, ſoit dans ceux qui n'auroient reglé que proviſoirement. Comme auſſi ſans préjudice de l'exécution des Ordonnances, ſoit générales, ſoit particulieres à notredite Province d'Artois, & notamment de celles concernant les acquiſitions faites par les Gens de mainmorte, leſquelles continueront d'être obſervées ſelon leur forme & teneur. SI VOUS MANDONS que ces Préſentes vous ayez à faire regiſtrer, même en tems de vacation, & le contenu en icelles, garder & obſerver, & faire garder & obſerver, & exécuter ſelon leur forme & teneur, ſans y contrevenir, ni permettre qu'il y ſoit contrevenu en quelque ſorte & maniere que ce puiſſe être, & ce, nonobſtant toutes choſes à ce contraires, auſquelles Nous avons expreſſément dérogé & dérogeons par ceſdites Préſentes. CAR tel eſt notre plaiſir. DONNE' au Camp ſous Tournay le vingt-huitiéme de Juin, l'an de grace mil ſept cent quarante-cinq, & de notre Regne le trentiéme. Signé LOUIS; *Et plus bas*, Par le Roy, PHELYPEAUX. & ſcellées du grand Sceau de cire jaune.

Regiſtrées, oüi ce requerant le Procureur Général du Roy, pour être exécutées ſelon leur forme & teneur, & en conſequence être les Procès-verbaux dreſſez par le Conſeiller commis, tant en la Ville d'Arras qu'en celle de Bapaume; enſemble toutes les Piéces & Cahiers y annexez, remis avec les préfentes Lettres au Greffe de la Cour, pour y être dépofées ainfi que les autres Coutumes ci-devant rédigées ; le tout fans approbation des Titres & qualités prifes par aucunes des Parties comparantes aufdits Procès-verbaux ; comme auffi fans préjudice des Droits du Roy dans tout ce qui pourroit y être contraire, foit dans les Articles defdites Coutumes, même dans ceux qui n'auroient été reglez que provifoirement ; & copies collationnées envoyées au Confeil Provincial d'Artois, pour y être lûës, publiées & regiftrées : Enjoint au Subftitut du Procureur Général du Roy d'y tenir la main, & d'en certifier la Cour dans un mois ; à la charge de l'envoy par ledit Confeil defdites Lettres aux Bailliages Royaux & autres Juftices de l'Artois où befoin fera, pour y être regiftrées fuivant & au defir de l'Arrêt du 5. Septembre 1730. d'enregiftrement des Lettres Patentes du 13. Décembre 1728. fuivant l'Arrêt de ce jour. A Paris en Parlement le vingt-fept Juillet mil fept cent quarante-cinq. Signé, DUFRANC.

Lûës, publiés, l'Audiance tenante, & regiftrées au Greffe, oüi & ce requerant le Procureur du Roy, pour être exécutées felon leur forme & teneur ; & feront les Copies collationnées envoyées à la Ville & à la Cité d'Arras, au Bailliage & à la Ville de Bapaume, à la Ville de Lens & au pays de l'Allœu, pour y être pareillement lûës, publiées, regiftrées & exécutées ; le-tout conformément au Jugement de ce jour. A Arras, au Confeil Provincial d'Artois, le treize Octobre mil fept cent quarante-cinq. Signé, LENGLET, par Ordonnance.

A PARIS, chez PIERRE GUILLAUME SIMON, Imprimeur du Parlement, rue de la Harpe, à l'Hercule, 1745.